Renate Sültz & Uwe H. Sültz

Mein Geschenk für Dich

AF210297

BoD - Books on Demand

Norderstedt 2016

Bibliografische Information durch die Deutsche Nationalbibliothek

Die Deutsche Nationalbibliothek verzeichnet diese Publikation in der Deutschen Nationalbibliografie; detaillierte bibliografische Daten sind im Internet über http://dnb.dnb.de abrufbar.

Herstellung und Verlag:

BoD – Books on Demand, Norderstedt

ISBN 9-78384-8-22055-7

Mein Geschenk für Dich:

_____

Der heutige Anlass:

Namenstag
Geburtstag
Hochzeitstag
Schulabschluss
Wiedersehen
Lottogewinn
oder:

_____

Meine Wünsche an Dich:

Alles Gute
Alles Liebe
Viel Erfolg
Gute Besserung
Verpiss Dich
oder:

_____

Mein Geschenk für Dich hast Du erhalten von:

_____   _____

Name   Datum

Datum:

Datum:

Datum:

Datum:

Datum:

Datum:

Datum:

Datum:

Datum:

Datum:

Datum:

Datum:

Datum:

Datum:

Datum:

Datum:

Datum:

Datum:

Datum:

Datum:

Datum:

Datum:

Datum:

Datum:

Datum:

Datum:

Datum:

Datum:

Datum:

Datum:

Datum:

Datum:

Datum:

Datum:

Datum:

Datum:

Datum:

Datum:

Datum:

Datum:

Datum:

Datum:

Datum:

Datum:

Datum:

Datum:

Datum:

Datum:

Datum:

Datum:

Datum:

Datum:

Datum:

Datum:

Datum:

Datum:

Datum:

Datum:

Datum:

Datum:

Datum:

Datum:

Datum:

Datum:

Datum:

Datum:

Datum:

Datum:

Datum:

Datum:

Datum:

Datum:

Datum:

Datum:

Datum:

Datum:

Datum:

Datum:

Datum:

Datum:

Datum:

Datum:

Datum:

Datum:

Datum: